Sigue Adelante

— Que Haya Luz —

Joan Stone

Copyright © 2023 **Joan Stone Publishing**

Todos los derechos reservados. Ninguna parte de esta publicación puede ser reproducida, distribuida o transmitida de ninguna forma ni por ningún medio, incluidas fotocopias, grabaciones u otros métodos electrónicos o mecánicos, sin el permiso previo por escrito del editor, excepto en el caso de citas breves incluidas en reseñas críticas y ciertos otros usos no comerciales permitidos por la ley de derechos de autor. Para solicitudes de permiso, escriba al editor, con la dirección "Atención: derechos y permisos del libro", a la dirección que se indica a continuación.

Publicado en los Estados Unidos de América

ISBN 978-1-960159-77-9 (SC)
ISBN 978-1-960159-78-6 (libro electrónico)

Joan Stone Publishing
222 West 6th Street
Suite 400, San Pedro, CA, 90731
www.stellarliterary.com

Información de pedido y permiso de derechos:

Ventas por cantidad. Los descuentos especiales pueden estar disponibles en compras de cantidad por parte de corporaciones, asociaciones y otros. Para obtener más información, póngase en contacto con el editor en la dirección anterior.

Para Adaptación de Derechos de Libros y Permiso de otros Derechos. Llámenos al número gratuito 1-888-945-8513 o envíenos un correo electrónico a admin@stellarliterary.com.

Contenido

El espejo 1

Mi Dios Misericordioso 2

Libre 4

Hermoso Mundo 5

Déjalo Salir 6

El Viaje 7

Mirar Dentro 8

Amigos 9

La Voluntad de Dios 10

Fe Creciente 11

Ábrete 12

Vive Para Ser Libre 13

Lo Superarás 14

Fiel a Ti 15

Ve Tras Ello 16

Dolor 17

Pensamientos 18

Quien Eras 19

La Montaña Rusa 20

Sentimientos 21

Dejar Ir 22

Entrégate 23

Esperar 24

Supéralo 25

Siempre se Agradecido 26

Dirección 27

El Pasado 28

Monta la Ola 29

Humilde 30

Encontrándome 31

Determinación 32

Locura 33

Visión de Mí 34

Más Revelado 35

El Camino 36

El espejo

En mi habitación, se encuentra un espejo.
Brillante, hermoso, pero reflejando el miedo.

Cuando me paro frente a él, ¿qué veo?
Una persona vacía y solitaria, mirándome fijamente.

Lleno de tristeza, lleno de dolor.
A decir verdad, me estaba volviendo loco.

Entonces, un día, abrí los ojos.
Salí de la cama, para una maravillosa sorpresa.

Podría cambiar, la persona que veo.
A alguien que se preocupa, a alguien que es libre.

Mirando a través de los años, ¿dónde había perdido el control?
Ahora me queda claro, me habían quitado el alma.

Puedo ser, quien quiero ser.
Porque Dios está en mi vida, cuidándome.

Necesito pararme erguido, retroceder, respirar y ver.
Que estoy exactamente, donde debo estar.

Mi Dios Misericordioso

Hoy es el primer día, del resto de mi vida.
El viaje para llegar hasta aquí, no fue todo un deleite.

Preocupado por el futuro, pensando en el pasado.
Hizo que los sentimientos inquietos y agitaran las emociones al final.

Cuando todo el tiempo, tuve que aprender.
Para vivir por hoy, por lo que Dios me hizo convertir.

Mi fe se fortalece cuando dejo entrar a Dios.
No tiene sentido luchar, una batalla que no puedo ganar.

Entonces, con amor y apoyo, he encontrado el camino.
Para dejarlo todo ir, es simple, reza.

Me esfuerzo demasiado por cambiar, la forma en que debería ser mi vida.
Necesito dar un paso atrás, ya que Dios es la clave.

Estoy justo donde se supone que debo estar.
Con mi Dios misericordioso, cuidándome.

Mis ojos bien abiertos
Abrí los ojos y ¿qué vi?
Un mundo completamente nuevo, mirándome fijamente.

Tantos lugares, tantas cosas.
Abrí los ojos, a lo que todo trae.

Tanto que ver, tanto que hacer también.
Dejar que se escape, es lo peor que podía hacer.

Es un pie adelante, delante de mí.
Ser la persona que estoy destinado a ser.

Solo yo, puedo hacer este cambio.
Por lo que busco, todavía está en el rango.

Abrí mis ojos, y mi corazón.
¡Para que el mundo se adhiera a mi nuevo comienzo!

Libre

Una parte interior, necesitaba ser liberada.
Así que decidí, buscarme.

Lo que encontré fue aterrador pero cierto.
Mis problemas continuos, eran la clave.

¿Por qué mi vida no tenía sentido?
Como parecía estar, siempre sentado en la cerca.

Permití que mi cabeza se nublara y se desgarrara.
Causando que mi corazón, esté cansado y desgastado.

Cuando todo el tiempo, mi libertad.
El lugar para mirar, estaba muy dentro de mí.

Así que cavé profundo, y lo que encontré.
Era una actitud nueva, y una voz con sonido.

La única manera, para yo ser libre.
Fue cambiar mi vida, empezar a cuidarme.

Entonces, si estás perdido, renuncia a todo.
Cambiando tu actitud, responderás a la llamada.

Hermoso Mundo

Cuando camino solo, es cuando veo.
Lo que este maravilloso mundo tiene para ofrecerme.

La gloria, la belleza, la gracia de todo.
Ya sea grande, o sea pequeño.

Un pájaro en el cielo, o un abejorro.
Ese es el sentimiento, de ser libre.

No des nada por sentado y ve la luz.
Recuerda el mundo, es una hermosa vista.

Dejalo Salir

Hay un lugar oscuro que tenemos, dolor y miedo adentro.
Hasta que nos demos cuenta, ya no podemos correr y escondernos.

Pero todo el dolor y el miedo dentro.
Cierra tu corazón, y pon tu mente a dar vueltas.

Llega un momento en la vida, cuando debes abrir la puerta.
Dejar que fluya, hasta que no te duela más.

En lugar de intentarlo, alejarlo.
Tómese el tiempo para sentarse y orar en silencio.

Así que suelta todo tu dolor y miedo.
Entrégate a Dios, que siempre está cerca.

Aférrate a tu vida, déjalo salir todo.
Dios está aquí, adelante y grita.

El Viaje

La vida que viví en el pasado, y mi vida hoy.
Son tan increíblemente diferentes, pero tal viaje fue en el camino.

Un viaje con momentos, de tristeza y desesperación.
Donde olvidé cómo amar, donde olvidé cómo cuidar.

Conocía el camino, para salir de este espacio.
Pero mi terquedad seguía mirándome a la cara.

Era un juego, donde siempre me escondería.
Nunca escuchando, a los susurros en el interior.

Era tan simple, si me dejara llevar.
Las respuestas llegan, a veces rápido, a veces lento.

Podría ser fuerte, feliz y libre.
¡El único que detenía esto... era yo!

Mirar Dentro

Si pudiéramos ser, tan libres como un pájaro.
Si pudiéramos captar, cada una de nuestras palabras.

Para darnos esperanza, fuerza y poder.
Imaginar la lluvia, como un maravilloso chaparrón.

Para tener el coraje, para manejarlo todo.
Ya sea grande, o sea pequeño.

¿Por qué mantenerlo adentro? Solo tenemos que abrir la puerta.
A promesas cumplidas, y mucho más.

Amigos

Los amigos están ahí para ayudarte.
¡Los momentos en que estás en necesidad, y los momentos felices también!

A veces pueden parecer malos, pero sobre todo amables.
Como siempre es tu mejor interés, lo que tienen en mente.

Sabes que nunca te harían daño, eso es cierto.
Porque ves el amor que tienen, para darte de principio a fin.

No siempre te gusta lo que tienen que decir.
Solo abre tu mente, no los alejes.

Te ayudan a pasar los días a los que no puedes hacer frente.
Llenan tus días, de amor y esperanza.

Entonces, si te preguntas, qué hará un verdadero amigo.
¡Solo pregúntame, ya que tengo algunos!

La Voluntad de Dios

¿Qué es lo que más tememos todos hasta ahora?
¿Quiénes éramos o quiénes somos?

Realmente es, tan fácil de ver.
Toma un día a la vez, para mantenernos libres.

Deja de vivir en el pasado, y el mañana no está aquí.
Solo vive por hoy, para detener todo ese miedo.

Sigue con la vida, paso a paso.
Y lo encontraremos, no tenemos nada que esconder.

Puede que nos lleve un tiempo encontrar el camino.
Si nos resulta difícil, simplemente detengámonos y digamos...

"¡Hágase tu voluntad, no la mía!"
Haciéndolo a nuestra manera, siempre saldremos corriendo.

Huimos de la vida que nos eligió.
¡Ocurrirá, simplemente no tenemos que apresurarnos!

Fe Creciente

Cuando te sientas frustrado y perdido en tu camino.
Pide la ayuda de Dios, mientras oras en silencio.

Ahora solo déjalo ir, y recibirás.
Nuestra fe se fortalece cuando empezamos a creer.

Pida "el conocimiento de la voluntad de Dios y el poder para llevarla a cabo".
Empezarás a sentir, de qué se trata la verdadera fe.

Así que nunca te rindas, y tu fe crecerá.
Acepta que a veces es rápido y otras veces es lento.

Ábrete

Cuando éramos más jóvenes, era difícil ver.
Lo que deparaba el futuro, dónde estaríamos y qué seríamos.

Pero a medida que crecimos, empezó a quedar claro.
Lo único que nos frenaba era nuestro propio miedo interior.

Así, día a día, veríamos la luz.
Dejamos de negar y detuvimos la lucha.

A veces necesitamos a otros, para ayudar a señalarlo.
Si profundizamos, encontraremos de qué se trata todo.

Cuando cerramos nuestras mentes, a lo que podríamos ser.
Cerramos nuestros corazones, a la oportunidad de ser libres.

Entonces, si abrimos nuestra mente, lo que abrirá nuestro corazón.
Descubrimos que todos los días,
¡Tenemos un nuevo comienzo fresco!

Vive Para Ser Libre

La vida es demasiado corta, para tirarla.
Para sentarse y procrastinar, día a día.

Buscando excusas, siempre lo harás.
En su lugar, busca lo que podría estar, justo en frente de ti.

Deshazte del miedo, deshazte del dolor.
Tómate el tiempo, para bailar bajo la lluvia.

Ve a disfrutar, deja tus preocupaciones atrás.
Después de todo, es felicidad lo que puedes encontrar.

Haz las cosas que quieras hacer.
Disfruta cada momento, eso es lo mejor para ti.

Así que relájate y vive el hoy.
Entonces mañana, "Gracias por lo de ayer", es lo que dirás.

¿Qué es lo peor que te podría pasar?
Tú ábrete, a lo que podría ser nuevo.

Haz esto todos los días, y la vida será.
Pasos sencillos, ¡Para liberarte!

Lo Superaras

Algunas lecciones en la vida pueden ser realmente duras.
Pueden derribarte, hasta que hayas tenido suficiente.

Ahí es cuando necesitas, elegir dejar ir.
Tan difícil como es, ir con la corriente.

La tristeza, la autocompasión y todo el dolor.
Una vez superado, es lo que ganarás.

Cada vez que superas, más fuerte te sientes.
Siempre y cuando dejes de correr, por tu propia voluntad.

Al final del túnel, hay luz.
Está ahí para ver, cuando detienes la pelea.

No tienes control sobre las sorpresas de la vida.
Pero cada día, ese sol sigue saliendo.

Así que mantén la barbilla en alto y no frunzas el ceño.
¡El mundo no puede verte sonreír cuando miras hacia abajo!

Fiel a Ti

Ser honesto contigo mismo, debe ser lo primero que hagas.
La honestidad con los demás, será un fuerte número dos.

Burlándote de ti mismo, escondiéndote detrás de una pared.
No haces ningún bien, excepto hacerte caer.

Esconderse dentro de uno mismo, conduce a la consternación.
Así que ábrete, para ayudarte a encontrar tu camino.

Pensar que todo en la vida, no siempre está bien.
Te mantendrá cayendo, hasta el final de la línea.

Cuanto más sueltas, mejor te sientes.
Puede tomar un tiempo, pero ¿cuál es el problema?

Vale la pena el riesgo, ¿qué es lo peor que podría hacer?
¡Hazte feliz, así que sé fiel a ti!

Ve Tras Ello

Cuando superes tu miedo, para experimentar algo nuevo.
Estarás agradecido de que haya sucedido, ya que te ayudará.

No siempre funciona, pero a veces lo hace.
De cualquier manera, se convierten en parte de ti.

Siempre hay una razón, de porqué la vida sucede de esta manera.
Es para mantenerte buscando, todos y cada uno de los días.

Ya sea que te haga feliz, o te entristezca.
Resultará ser, la mejor experiencia que hayas tenido.

Así que adelante, y prueba algo nuevo.
Te sentirás mejor por dentro, eso es cierto.

Cierra los ojos y respira muy profundo.
Confía en ti mismo, para dar ese salto.

Dolor

Cuando te quitan algo especial.
Puede hacerte sentir como si te hubieran partido en dos.

El dolor puede ser, extremadamente fuerte.
Pero por qué te fue arrebatado, ¿fue correcto o incorrecto?

Sintiendo que no hay, resistencia al dolor.
Pero si no pasas por eso, no tendrás nada que ganar.

Crees que tú, jamás podrás sentir.
La felicidad interior, que hacía que esto pareciera tan real.

Todavía tienes una vida, cuando te quitan algo.
El dolor se convierte en crecimiento, así que estarás bien.

Pensamientos

Algunos pensamientos pueden tomar el control y arruinarte.
Siempre preguntándote, "medio lleno o medio vacío", en tu taza.

Si te permites, dejar entrar a los demonios.
Estás arriesgando la oportunidad, que nunca ganarás.

Puedes vivir tu vida, con la cabeza bajo tierra.
Sólo para perderte, en lo que se podría encontrar,

Así que saca la cabeza y mira a tu alrededor.
¡También hay paz, libertad y felicidad!

Quien Eras

Oh, qué egoístas podemos ser.
Cuando no miramos, lo que necesitamos ver.

Cuando se trata de ti, sin importarte nada en absoluto.
Sobre los sentimientos de los demás, mientras los haces tan pequeños.

Pero una vez que te das cuenta, ya puede ser demasiado tarde.
Entonces todo lo que te queda es tu propio odio a ti mismo.

Pierdes el respeto por ti mismo, lo que sea que tengas.
Pero perderlo de los demás podría volverte loco.

Es difícil ser, la persona que quieres ser.
¡Cuando la persona que eras, es todo lo que puedes ver!

La Montaña Rusa

El viaje de la vida, puede ser una gran sorpresa.
Hay cosas que pasan, para abrirte los ojos.

Cada vez que te bajas, empiezas a ver.
Que cada viaje parece más corto, a medida que huyen más problemas.

No te quedes atascado en eso, porque estás lleno de miedo.
Haz que sea hora de bajar y poner tu vida en marcha.

Sí, la montaña rusa puede ser todo un paseo.
Solo tú puedes detenerlo, cuando te vuelves honesto dentro.

Sentimientos

Cuando guardas sentimientos dentro, y no los dejas fluir.
El dolor se vuelve tan profundo, que tendrás que dejarlo ir.

Necesitas liberarlos y atravesar el dolor.
La única alternativa, es volverse loco lentamente.

Si los aceptas, libéralos y luego déjalos ir.
Te sorprenderá lo mucho que realmente crecerás.

Ser honesto con tus sentimientos, despeja el camino.
A la felicidad y la paz, todos y cada uno de los días.

Así que por hoy, sé lo mejor que puedas ser.
Todo se equilibrará con el tiempo, espera y verás.

Dejar Ir

La parte más difícil, de dejar ir.
Es saber que tienes que hacerlo, pero sentirte tan deprimido.

El dolor es tan intenso que preferirías morir.
Pero para salir adelante, ve y llora.

Dejar ir, te hará libre.
Entonces todo ese dolor, se convierte en historia.

Cuanto más aguantes, más difícil se vuelve.
Dejándolo adentro, no está donde se debería.

Los sentimientos y emociones, que te siguen golpeando.
Cuando estás tan metido en ello, ¿qué puedes hacer?

Ponte de rodillas y haz una oración.
Para dejarlo todo ir, para que pueda empezar a ocuparse.

Pensamientos locos, correrán por tu mente.
Toman el control, pero si buscas, encontrarás.

Esas ardillas no tienen, que correr tan libres.
Persíguelas, para que lo que sea lo que tenga que ser.

Entrégate

¿Cuánto tiempo lo dejas continuar, devorándote por dentro?
Cuando puedes sacar fuerzas, para seguir con orgullo.

Entrégalo todo, todos los días hasta que se elimine.
Lo que te queda, es una sensación de ser dotado.

Se necesitará paciencia y tiempo para llegar allí.
Saber que lo harás, te hace consciente.

Solo entrégalo, deshazte de todo.
Entonces disfruta de la vida, como ahora te mantienes erguido.

Rendirse, te hará pasar.
A través de lo que pensaste, que no podías hacer.

Anímate, ríe y sonríe.
Porque acabas de ir, otra milla más.

Esperar

Puedes mover el mundo, si estás listo para rodar.
¿Por qué rendirse, y meter la cabeza en un agujero?

¿Por qué hacer tu vida miserable, cuando puedes hacerlo con facilidad?
Entonces podrás ver los árboles a través del bosque, no el bosque a través de los árboles.

Negar, ocultar y huir de todo.
Estás eligiendo, seguir golpeando esa pared.

Tienes que tener fe, para pasar el día.
Siempre dejarlo escapar, te lleva por el camino equivocado.

La paciencia ayudará, solo hay que esperar.
Pasarán cosas buenas, nunca es tarde.

Superalo

Te sientas y sientes lástima por ti mismo, pensando que la vida te ha hecho daño.
Cuando en realidad, activaste la alarma.

Te arrastras hacia abajo, y también a otras personas.
¡La vida continuará, al igual que tú!

Supérate a ti mismo, y fuera de tu cabeza.
Para que no te dejes colgando de un hilo.

Ten un poco de fe, sigue adelante y salta.
Si alguna vez quieres, superar esa joroba.

No te detengas en el pasado, ya que ahora se ha ido.
Pon una sonrisa en tu rostro y sigue adelante.

Siempre se Agradecido

Hay tantas cosas que te olvidas.
Que te hicieron sentir agradecido, cuando golpearon.

Nuestra vida se vuelve tan desordenada, que te quita eso.
Aun así siempre muestra gratitud, todos y cada uno de los días.

Son esas cosas por las que estar agradecidos, las que nos hacen completos.
Cuando se olvida, es cuando pasa factura.

Así que recuerda hacer una lista cada noche.
De las cosas en tu día, que te dieron delicia.

Direccion

El cielo es el límite, si te detienes y ves.
Hay todo un mundo ahí fuera, esa es la clave.

Cuando encuentres tu dirección, y lo harás.
Puede que tome tiempo, pero subirás esa colina.

No dejes que las distracciones se interpongan en el camino.
La fuerza ayudará, por lo que tu enfoque no se desviará.

No mires hacia atrás a una vida que creías haber perdido.
Mereces ser feliz, cueste lo que cueste.

El Pasado

Los años de luchas, a las que te has sometido.
Son ahora el pasado, que deja tu vida en tus manos.

Fue necesario abrir la mente y abrir los ojos.
Tuviste que atravesarlo, el pasado te hace sabio.

La vida es maravillosa, una vez que miras el camino.
El camino te trajo aquí, viviendo en la actualidad.

Así que vive esta vida, de la mejor manera que sepas.
El pasado es el pasado, y el presente es ahora.

Monta la Ola

Sé bueno contigo mismo, no lo dejes escapar.
Empújate hacia adelante, mantén un labio superior firme.

Si te sientes deprimido, encuentra tu creencia.
Una vez que lo hagas, sentirás un suspiro de alivio.

Te sientes mejor contigo mismo, sabiendo que te ocupas.
La vida va mucho más suave, cuando te tratas justo.

Así que súbete a esa tabla de surf y súbete a la ola.
¡Ya que esta es tu vida, que estás eligiendo salvar!

Humilde

Así que viví en la negación, durante tantos años.
Para escapar de mis miedos internos y externos.

Me pondría mi manta de seguridad, día a día.
Convencido de que mi vida, estaba verdaderamente en el camino de Dios.

Fue un empujón, más como una bofetada en la cara.
Para poner mi negación, finalmente en su lugar.

Así que me volví humilde y honesto por dentro.
Y le pedí a Dios que me ayudara, mientras entraba a este viaje.

El dolor golpeó fuerte, pero tenía que hacerlo.
A veces lo atravesaba y otras veces corría.

Mi corazón se sentía pesado y desgarrado.
Cuestionando si la honestidad, era realmente inteligente.

Ahora sé, cuando las cosas son un deseo, y no una necesidad.
Así que estoy limpiando mi jardín, hierba por hierba.

A través de todo el dolor, supe que ser humilde era lo correcto.
Fue mi negación, lo que hizo que eso quedara fuera de la vista.

Lo superaría, ya que lo provoqué.
Para seguir con mi vida, esto tenía que desaparecer.

Encontrandome

Durante demasiado tiempo, había cerrado los ojos.
Sin ver que mi vida, era un gran disfraz.

Dejaría a todos afuera, y me mantendría solo.
Colocando mi vida para vivir, sobre un estante.

Me convencí a mí mismo, que yo era feliz por dentro.
Cuando todo el tiempo, encontrar la verdadera felicidad había muerto.

No quería ver, como dejé de vivir.
Estaba demasiado ocupado aferrándome, a lo que pensaba que estaba dando.

No vi lo que me estaba haciendo.
No era consciente de que estaba perdiendo mi identidad.

Nunca pude decir que no, sin sentir arrepentimiento.
Aferrándome a toda esa negación todavía.

Ahora no tengo más remedio, que ayudarme a mí mismo a crecer.
Cuidando de mí, así que tengo algo que mostrar.

Me sentí responsable, por ayudar a todos.
Ayudarme a mí mismo, debería haber sido lo primero.

Así que ahora me siento preguntándome, por qué estaba ciego.
A la negación, que dejé que se apoderara de mi mente.

Me volví dolorosamente consciente de cómo mi vida estaba destinada a ser.
Así que ahora soy fuerte, y estoy recuperando mi identidad.

Determinacion

Cuanto más me atrae la vida, más fuerte empujo.
Para que salga de dentro, esa zarza ardiente.

Dejo que mi fuerza entre, tome el control.
Entonces la determinación, llena mi alma.

No me doy por vencido cuando creo que la vida me ha hecho mal.
Mi determinación, me mantiene en movimiento.

Si me permito, detenerme y congelarme.
La vida por la que lucho, se iría en un abrir y cerrar de ojos.

Mi determinación, me mantiene avanzando.
Así que cualquier cosa que la vida me depare, no tengo nada que temer.

Locura

Necesito darme tiempo, para superar el dolor.
Provocado por la evasión, que casi me vuelve loco.

Miré mi mundo, a través de una neblina nublada.
Viviendo en una fantasía, a lo largo de los días.

Cuando finalmente me di cuenta, como estaba viviendo.
Llegó el momento, para el acto de perdonar.

Dejé de castigarme y puse una sonrisa.
Luego la locura se fue perdiendo, milla tras milla.

Vision de Mi

La visión de mí, es simple de ver.
Una de felicidad, si la dejo ser.

Mis metas, mi propósito, mi nueva apariencia.
Viene de dentro, el próximo capítulo de mi libro.

No hay nada que me detenga, de alcanzar mi meta.
Mi apertura de mente, ayuda a fortalecer mi alma.

Soy más fuerte, tengo más confianza y me siento libre.
Lo que pensaba que había sido tomado, lo he restaurado en mí.

El pasado me cerró y me dejó perdido.
Mi nueva forma de pensar, recuperará el costo.

Mas Revelado

Pasando por la vida pensando, que lo sabía todo.
Yo era más como un pájaro, con un ala rota.

Todos los dolores que soporté, estaba al final de la cuerda.
Cuando en realidad, día a día me traían esperanza.

Cerré la puerta, a lo que negué.
En mi subconsciente, es donde se esconderían.

Pero lograron salir, desde lo más profundo.
Trayendo nueva luz a mi vida, en este increíble viaje.

Un paseo de dolor y lágrimas, que acogió la paz.
A medida que el camino se estrechaba, sentí la liberación.

Mi subconsciente, es como un paquete sellado.
Pero una vez abierto, más es revelado.

El Camino

Mientras viajo, por el camino más adelante.
Sé en mi corazón, que no tengo nada que temer.

Ya que el camino, marca el camino.
Para avanzar, día a día.

El camino puede ser suave, el camino puede ser áspero.
Son esos baches que golpeo, los que me hacen fuerte.

Miro hacia atrás, para ver la distancia que he recorrido.
La distancia por delante, me mantiene continuando.

Printed by Libri Plureos GmbH in Hamburg, Germany